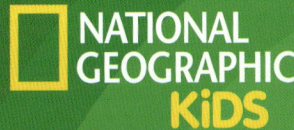

기발하고 괴상하고 웃긴 과학 사전!
공룡

300가지
핵폭탄급 공룡 뉴스와
생생한 이미지가 쏙쏙!

 비룡소

앗, 따가워!
엄청난 가시 좀 봐!
스테고사우루스 꼬리의 가시는
세 살짜리 아이 키만큼 커.

과학자들은 단단한 바위 속에 꼭꼭 숨은 화석을 찾기 위해 전기톱을 쓰기도 해.

지금까지 발견된 가장 커다란 **공룡 알**에는 우유가 무려 **23리터**나 들어가.

과학자들은 한때 브라키오사우루스가 자기 몸무게를 버티려면 물속에서 살 수밖에 없다고 생각했어.

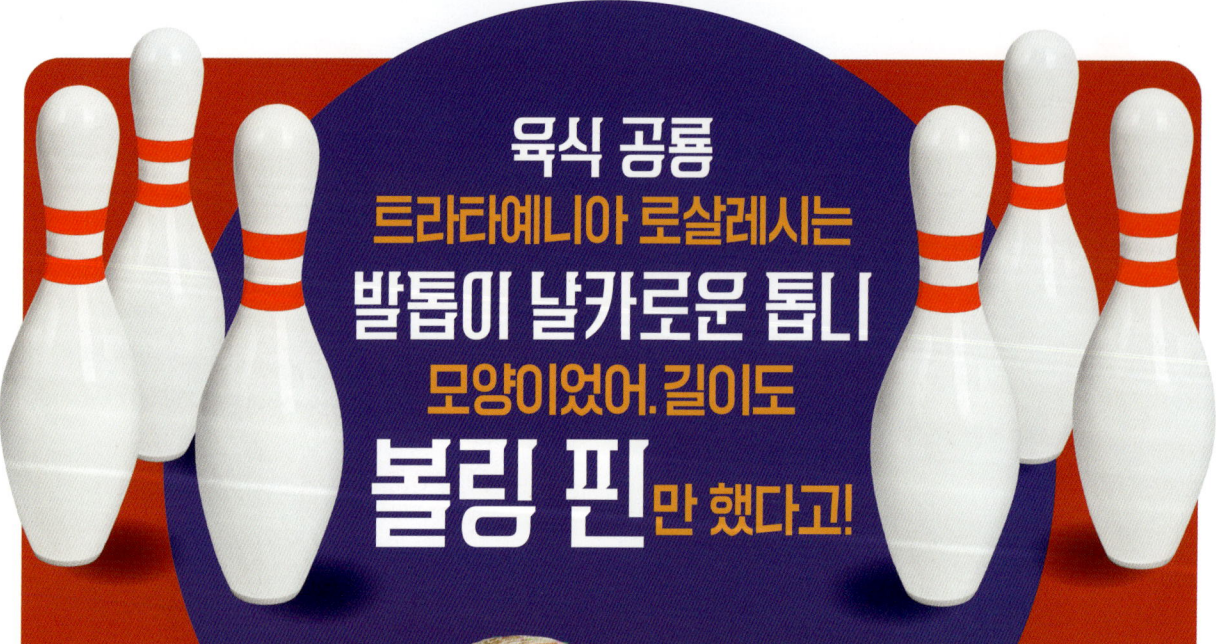

육식 공룡 트라타예니아 로살레시는 발톱이 날카로운 톱니 모양이었어. 길이도 볼링 핀만 했다고!

우웩!
캐나다에서 발견된 티렉스의 똥 화석은 44센티미터짜리 빵만 했대.

티렉스: 육식 공룡 중 가장 무섭고 사나운 공룡으로 알려진 '티라노사우르스 렉스'의 준말.

어떤 공룡들은 자기 알을 **깨뜨릴까 봐 빙 둘러 놓고** 그 안에 앉았어.

6600만 년 전 소행성이 지구와 부딪혔을 때 약 1.5킬로미터 높이의 지진해일이 일었대.

1억 원이 있으면, 너도 실물 크기 티렉스 모형을 살 수 있어!

미국 콜로라도주와 유타주에 걸쳐 있는 **국립 공룡 화석지**에는 **공룡 화석 수천 개**가 파묻혀 있대. 1억 5000만 년 전에 실제로 있었던 **쥐라기 공원**인 거야.

트리케라톱스 뿔 화석이 처음 발견됐을 때 **특대형 아메리카들소 뿔**이라는 **오해를 받았어.**

1900년대 초 많은 사람들은 **공룡이 금성에 살았다**고 믿었어.

(아닌 거 다 알지?)

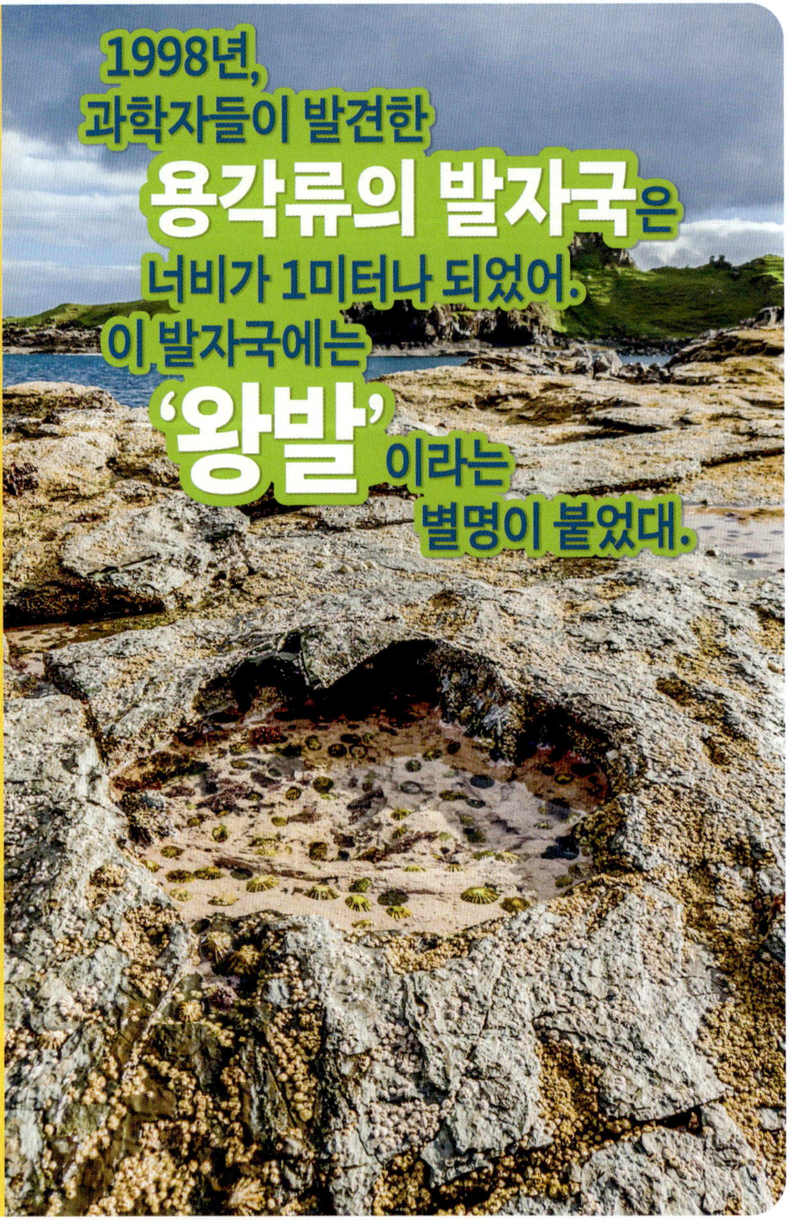

1998년, 과학자들이 발견한 **용각류의 발자국**은 너비가 1미터나 되었어. 이 발자국에는 **'왕발'**이라는 별명이 붙었대.

용각류: 몸집이 크고 목이 긴 공룡의 한 종류. 7쪽 브라키오사우루스가 대표적인 용각류다.

캐나다 앨버타주 화석 박물관에 있는 **티렉스 모형**은 진짜 티렉스보다 **네 배나 더 커.**

할리우드 배우 니콜라스 케이지가 **3억 원** 넘게 주고 산 **공룡 뼈**는 사실 몽골에서 **도둑맞은 거였대.** 그래서 다시 경찰에 **돌려줬다지** 뭐야.

돌으로 공룡을 흉내 내는 어린이 요가 수업이 있어.

와! 공룡 뼈가 들어간 결혼반지를 판대. 수백만 년이 된 **공룡 뼈 반지**라면 정말 특별하겠지?

가스토니아의 등과 어깨에는 30센티미터나 되는 **가시가 뾰족뾰족** 튀어나와 있었어.

크아앙! **티라노사우루스** 중 몇몇 종은 폭군 도마뱀, 공포의 지배자, 괴물 같은 포식자로 불려.

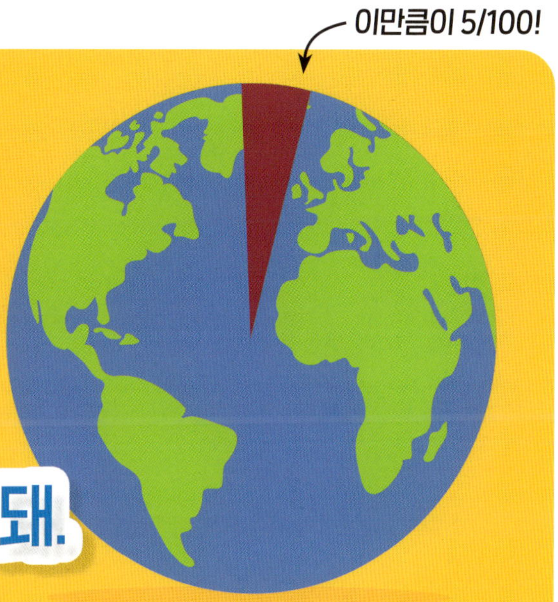

에계, 공룡이 지구에서 살았던 시간은 지구 나이의 **100분의 5**도 안 돼.

이만큼이 5/100!

이탈리아 남자아이 이름으로 흔한 **디노**Dino는 **공룡**Dinosaurs과 아무 상관이 없어.

디노는 '**작은 칼**'이라는 뜻이야.

추수 감사절: 기독교 신자들이 가을에 곡식을 거둔 뒤 신에게 감사 예배를 드리는 날.

1997년 미국에서 추수 감사절 퍼레이드를 하던 초대형 공룡 풍선이 **가로등에 부딪히고** 말았어. 결국 바람이 빠져 **쪼그라들었지** 뭐야.

티렉스의 턱은 일곱 살짜리 아이 키만큼 커.

상어는 공룡보다 **2억 년이나 먼저** 지구에 나타났어. 6600만 년 전 공룡을 멸종시킨 **소행성 충돌에서도 살아남았지.**

휘이이잉! 거센 바람이 나무 모양을 **티렉스**처럼 만들었어. 영국 잉글랜드 노퍽에서 볼 수 있대.

스피노사우루스 등에는 2.1미터 길이의 **돛이 솟아 있어.** 헤엄치는 모습을 물 밖에서 지켜보면 **상어 지느러미** 같았지.

울레미 소나무

별명은 공룡 소나무야. 공룡 시대부터 지구에서 살았거든. 1994년, **호주에서 100그루**가 발견되면서 지금까지 살아 있다는 게 알려졌어.

하드로사우루스과인 **친타오사우루스**는 불룩 솟은 뿔처럼 생긴 **볏이 있어.** 그런데 볏 속은 **텅텅** 비어 있지.

과학자들은 **티렉스**가 어떻게 걸었는지 알아보려고 **닭에게 가짜 꼬리**를 매달아서 관찰했대.

꼬끼오!

하와이에는 공룡 화석이 없어. 하와이는 공룡보다 **늦게 생겼거든.**

전라남도 해남군 **우항리 공룡 화석 자연사 유적지**는 세계 최초로 **공룡, 익룡, 물갈퀴 달린 새 발자국**이 모두 발견된 곳이야!

프시타코사우루스는 처음엔 **기어다니다가** 자라면서 두 발로 걸었어.

코리아노사우루스 보성엔시스는 맨 처음으로 **우리나라 지명**을 딴 공룡이야.

벨로키랍토르는 사실 **커다란 칠면조** 크기밖에 안 돼. 하지만 영화에서는 실제보다 **두 배** 이상 크게 부풀려졌어.

트라이아스기: 약 2억 5200만 년 전부터 약 2억 100만 년 전까지의 시기.

공룡 뼈는
모든 대륙에서
발견되고 있어.
심지어 **남극**에서도!
공룡이 살았던 트라이아스기에는
대륙이 하나로 이어져 있었기 때문이야.

믿거나 말거나!
굶주린 공룡이
알을 너무 많이 먹어서
멸종했다고
주장하는 과학자도 있어.

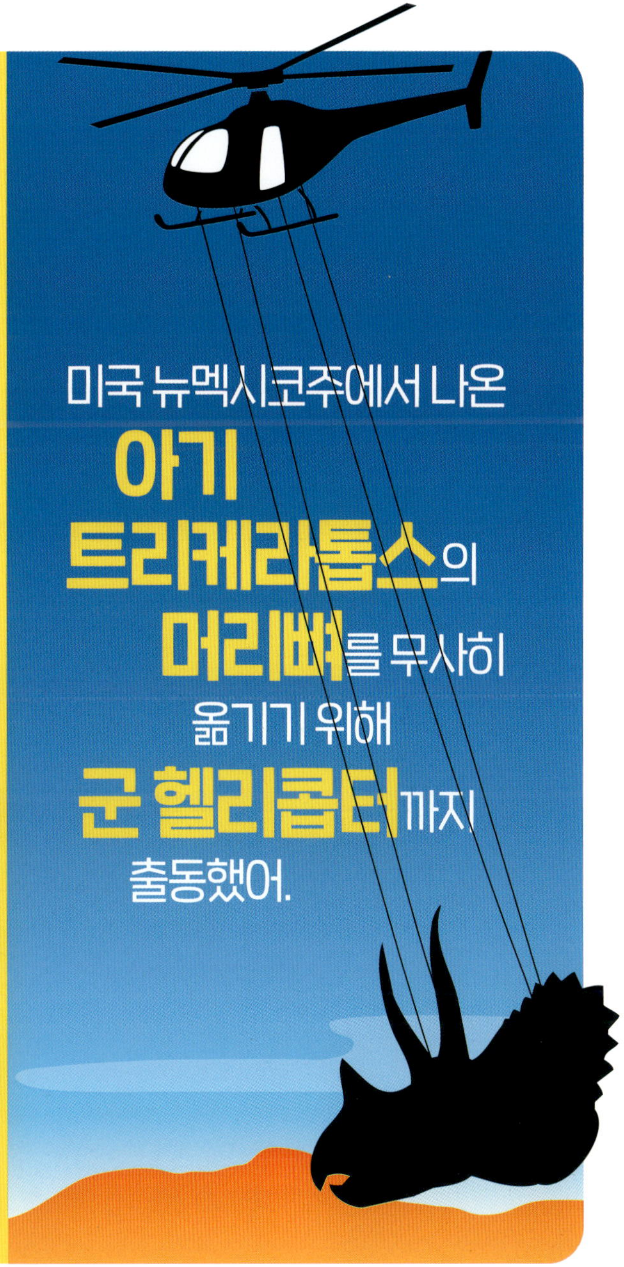

미국 뉴멕시코주에서 나온
아기 트리케라톱스의 **머리뼈**를 무사히 옮기기 위해 **군 헬리콥터**까지 출동했어.

세계적인 록그룹 **비틀즈**의 멤버인 **링고 스타**는 공룡 영화에서 **원시인**으로 나왔어.

지금까지 알려진 **가장 큰 공룡은 파타고리안 마요룸**이야. 무게가 무려 **아프리카 코끼리 10마리**와 맞먹었지.

영화 「고인돌 가족 플린스톤」에 나오는 공룡은 마치 반려동물 같아.

2014년 처음 발견된 **카이훙 주지**는 오색찬란한 **무지갯빛 깃털**로 덮여 있었을 거래.
벌새처럼 말이야.

잔인한 사냥꾼
알로사우루스는
먹이를 베어 먹기 전에
큰 머리로
박치기 공격을 했어.

프랑스의 라 플라뉴 마을에는 **세계에서 가장 긴 공룡 발자국 길**이 있어. 길이가 무려 **150미터**가 넘는다지. 여기에 용각류 발자국이 **110개**나 찍혀 있대.

19세기에 브라질의 한 농부가 **잃어버린 양떼를 찾다가** 공룡 발자국을 발견했어. 훗날 여기서 **80종**이 넘는 **공룡 발자국**이 발견되었지.

초식 공룡 에드몬토사우루스의 이빨은 **다이아몬드 모양**이야.

여길 봐!

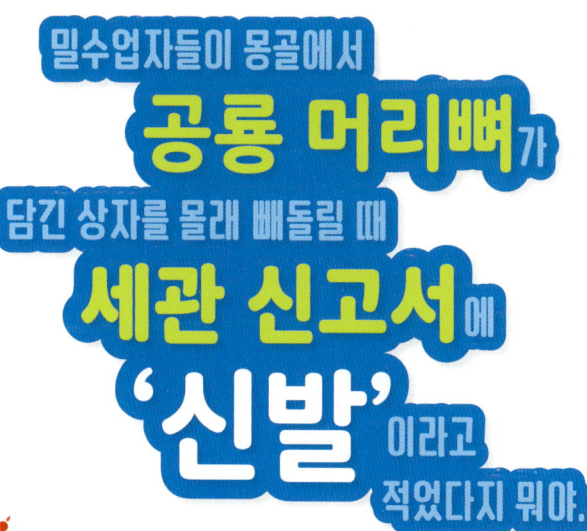

밀수업자들이 몽골에서 **공룡 머리뼈**가 담긴 상자를 몰래 빼돌릴 때 **세관 신고서**에 '**신발**'이라고 적었다지 뭐야.

세관 신고서: 물건의 수입, 수출 등을 신고하는 문서.

영화 「쥬라기 공원」에서 티렉스가 **먹이를 물고 흔드는 소리**는 어떻게 냈을까? 그건 바로 **잭 러셀 테리어**가 밧줄 장난감을 가지고 노는 소리였어.

테리지노사우루스는 **앞발톱이 1미터**나 되어서 처음 화석이 발견됐을 때 **거대한 거북이 발톱**이라고 오해를 받았어.

쥐라기에 살았던 **육식 물고기**는 톱니처럼 날카로운 턱으로 먹잇감을 공격했대. 포악하기로 소문난 오늘날 **피라냐** 같지 않니?

쥐라기: 약 2억 100만 년 전부터 약 1억 4500만 년 전까지의 시기.

미국 플로리다에는 **공룡 똥** 화석만 **1200개**나 수집한 사람이 있어.

공사 중? 발견 중!
중국 광둥성에서 도로 공사를 하다가 공룡 알 **43개**를 찾았어. 와우!

펜타케라톱스의 머리뼈는 미국 프로 농구 선수들의 평균 키보다 커.

수장룡 **엘라스모사우루스**의 목은

2층 집 높이만큼 자랐어. 목이 몸통보다 훨씬 길었지.

수장룡: 공룡 시대에 바다에서 살았던 파충류.

2007년, 한 장난감 회사는 **아이들이 올라탈 수 있는** 실제 크기의 장난감을 만들었어. 바로 **아기 트리케라톱스**지.

트리케라톱스는 **이빨이 800개** 정도 났어.

유티란누스 후알리는 날카로운 이빨과 발톱을 가진 거대한 공룡이야. 그런데 몸은 **병아리**처럼 **보송보송한 솜털**로 덮여 있었대.

2016년, 한 승객이
6600만 년 된 티렉스 화석을 가지고 네덜란드행 비행기를 탔어.
이 화석은 트릭스라는 이름의 **특별 여권도 있었지.**

트릭스가 네덜란드 공항에 도착했을 때
티렉스 모양 풍선이 달린 자동차와 음악대의
열렬한 환영을 받았어.

타코: 토르티아라는 얇은 빵에 여러 가지 재료를 싸서 먹는 멕시코 대표 요리.

스쿠텔로사우루스의 등에는 **병뚜껑보다 작지만**  갑옷처럼 딱딱한 **골편**이 붙어 있어.

어떤 공룡은 **머리가 냉장고**만큼 컸어.

골편: 공룡의 몸에 난 작고 딱딱한 뼈. 적들의 공격으로부터 몸을 보호해 준다.

47

아래 공기는 어때?

마멘키사우루스의 목은 기린보다 **5배나 더 길어.** 지구 역사상 가장 긴 목을 가진 생물이지.

알로사우루스 화석은 처음 발견되었을 때, **말발굽 화석**으로 오해를 받았어.

데이노케이루스 미리피쿠스의 이름은 **'별나고 무섭게 생긴 손'**이라는 뜻이야. 길고 날카로운 앞 발톱 때문에 생긴 이름이지.

아파토사우루스같이
목이 긴 공룡들은
100살 까지 오래오래
살 수 있었대!

너, 몇 살이야?

바다거북,
상어,
투구게,
바퀴벌레,

**오리너구리,
악어**는 모두
공룡 시대부터
지금까지 쭈욱
살고 있어.

남아메리카에는
티렉스가
살지 않았어.

기가노토사우루스는 티렉스보다 **4500킬로그램** 이상 무거웠지만 **싸움 실력**은 한 수 아래였어. 먹이를 물어뜯는 턱 힘이 훨씬 약했거든.

남극은 겨울이 되면 하루 종일 깜깜해. 그래서 이 지역에 살던 공룡은 **몇 달 동안** 계속되는 **어둠**을 견뎌야 했지.

모든 공룡이 **흰색 알**을 낳았을까? *아니야.* **허위안니아 황아이**는 **청록색 알**을 낳았어!

공룡은 영어로 '다이너소어'라고 해. 다이너소어는 '무시무시한 도마뱀'이라는 뜻이고…,

오비랍토르는 '알 도둑'이라는 뜻이래.

1912년에 발견된 **최초의 스피노사우루스 뼈**는 제2차 세계 대전 때 **폭격**을 받아 **폭파되고 말았어.**

최초의 카르카로돈토사우루스 화석도 제2차 세계 대전 때 보관하고 있던 박물관이 폭탄을 맞아 **산산조각 났지.**

트리케라톱스는 **머리가 엄청 커!** 전체 몸길이의 3분의 1 정도야.

영국에서는 **이크티오사우루스**가 **토해 낸 먹이**가 화석으로 발견되었어.

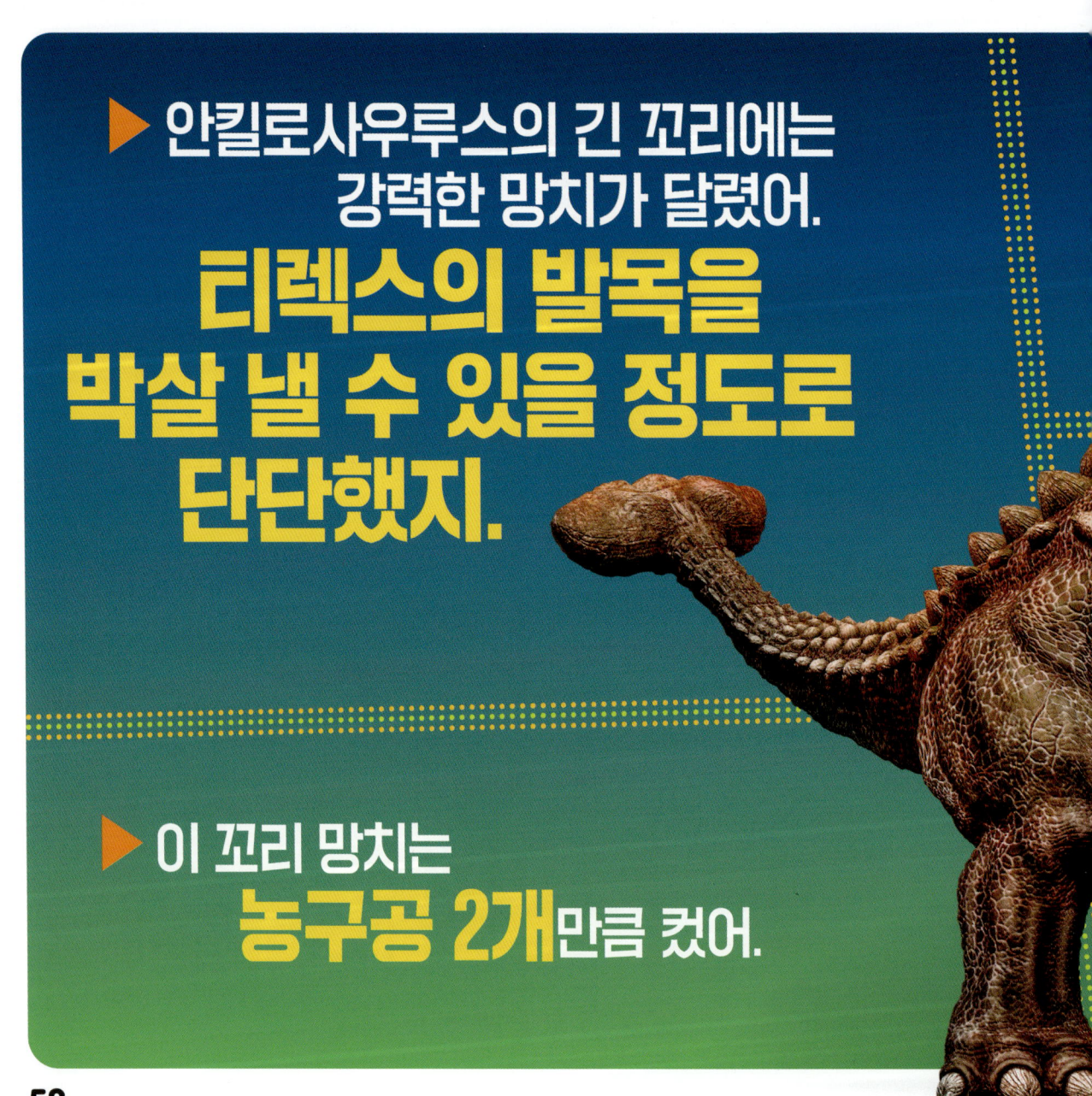

▶ 안킬로사우루스의 긴 꼬리에는 강력한 망치가 달렸어. **티렉스의 발목을 박살 낼 수 있을 정도로 단단했지.**

▶ 이 꼬리 망치는 **농구공 2개**만큼 컸어.

▶ 온몸을 뒤덮은 골편은 **방탄조끼**만큼 튼튼했어.
최고의 자연산 갑옷이었단다.

헤헤.
내가 좀
멋지지!

하늘을 나는 거대한 파충류, **케찰코아틀루스**는 **기린**만큼 키가 크고 **호랑이**만큼 무거웠어.

네 발로 바닥을 밀며 한 번에 몸을 **붕 띄워** 하늘을 날았지.

몸집이 커다란 **용각류**는 하루에 **식물을** **400킬로그램** 넘게 먹어 치웠어.

미국 **뉴저지 주립 박물관**에 가면 실제 크기와 비슷한 **티렉스 모형**을 만날 수 있어. 와우, 티렉스가 다시 살아난 것 같겠다!

과학자들은 한때 파라사우롤로푸스가 **긴 볏**으로 **숨**을 쉬었을 거라고 생각했지만 지금은 **소리**를 내는 데 썼을 거라고 믿어.

티라노사우루스 렉스는 사실 달리기를 잘 못했어. 개보다 느렸다니까!

몇몇 초식 공룡은 다람쥐처럼 **볼주머니**가 있어서 나중에 먹을 음식을 저장했어.

방귀 대장 브라키오사우루스가 방귀를 하도 뀌어서 지구 온도가 높아졌을 수 있대!

뿡뿡! 냄새나?

지금까지 발견된 가장 큰 공룡 알은 축구공의 1.5배만 했어.

미국 프로 야구 팀 **콜로라도 로키스**의 마스코트는 **'딩거'** 라는 이름의 보라색 **트리케라톱스**야.

티렉스는 몸에 비해 팔이 무척 짧지만 195킬로그램은 너끈히 들어 올릴 만큼 **힘이 세.**

7500만 년 전에 어떤 공룡들은 아시아에서 북아메리카로 건너갔을 수도 있어. **그땐 대륙이 서로 연결되어 있었거든.**

파타고티탄 마요룸의 **넓쩍다리뼈 길이**≒ **야구 방망이 2개 반.**

≒: 거의 비슷하다는 뜻.

길이가 고작 60센티미터밖에 안 되는
미크로파키케팔로사우루스는
몸집이 아주 작아. 하지만 이름만은 엄청나게 길지.

아우구스티놀로푸스 모리시는 미국 캘리포니아주를 상징하는 공룡이야. 화석이 유일하게 캘리포니아주에서만 발견됐거든.

나를 만나러 **캘리포니아**로 오세요!

1982년, **한 안과 의사는** 공룡이 **태양 광선**에 **눈이 멀어** 멸종했다고 주장했어.

고양이만 한
페고마스탁스는
앵무새 같은
짧은 부리와
고슴도치 같은
가시가 있었어!

트리케라톱스는 스스로 이빨을 쓱싹쓱싹 날카롭게 갈았어.

파키케팔로사우루스 정수리뼈는 두께가 **23센티미터** 정도야. **사람**보다 **32배**나 **더 두꺼워!**

최근 남아프리카에서 발견된 레두마하디 마푸베는 아프리카 코끼리 두 마리를 합친 만큼 무겁지만

고양이처럼 살금살금 기어 다녔대.

할스즈카랍토르 에스쿠일리는 **오리 같은 주둥이, 백조 같은 목을** 가졌어.

생김새가 무척 희한해서 처음 화석이 발견됐을 때 **여러 가지 화석이 섞였다고** 생각할 정도였다니까!

스테고사우루스는 뇌가 호두 알만큼 작아. 그래서 **등에 뇌가 하나 더 있을 거라고** 생각했던 적이 있어.

티라노사우루스 렉스는 **강한 턱과 이빨로 뼈가 있는** 먹잇감도 아그작 잘 **물어뜯었어.**

꺅! 영국 폴턴스 파크에서 '프테로사우루스의 비행'이라는 롤러코스터를 타면 발아래에 선사 시대 풍경이 펼쳐져.

공룡 **이빨**에도 나무의 나이테처럼 공룡의 **나이**를 짐작할 수 있는 **선**이 있어.

고생물학자 로이 채프먼 앤드루스는 영화 주인공 **인디아나 존스**의 실제 인물이야. 우리나라에서 귀신고래 연구에 참여하기도 했어.

1991년, 과학자 폴 세레노는 팀원 중 한 명이 완벽하게 보존된 에오랍토르 머리뼈를 발견하자 **기쁨의 눈물을 흘렸대.**

크립토클리두스는 물속으로 **더 깊이** 들어가려고 **돌멩이**를 삼켰어.

요즘은 인공 지능으로 **공룡 시대**에 있던 **꽃향기**를 복원해서 **향수**를 만들기도 해.

미국 텍사스에서 한 가족이 **티렉스 모양의 옷**을 차려입고 **다섯 번째 아이의 임신** 소식을 전했어.

이 사진은 **SNS에서 큰 인기**를 얻었지.

캐나다에서는 **깜깜해지면** 파키리노사우루스의 **골격이 나타나는 야광 동전을** 만들었어.

캐나다의 어느 레스토랑에서는 **패티가 아홉 장이나** 들어 있는 **2만 4천 원짜리 티렉스 버거**를 판 적이 있어. 혼자서 다 먹을 수 있을까?

골격: 동물 몸의 모양을 이루고 지탱하는 뼈.

몽골의 고비 사막에는 해가 질 때 붉은색으로 빛나는 **불타는 절벽**이 있어. 여기서 맨 처음으로 **공룡 알과 둥지**가 같이 발견되었대.

미국 몬태나주에 있는 **에그 마운틴**은 **공룡 알 둥지가 14개나** 발견되어 붙은 이름이야.

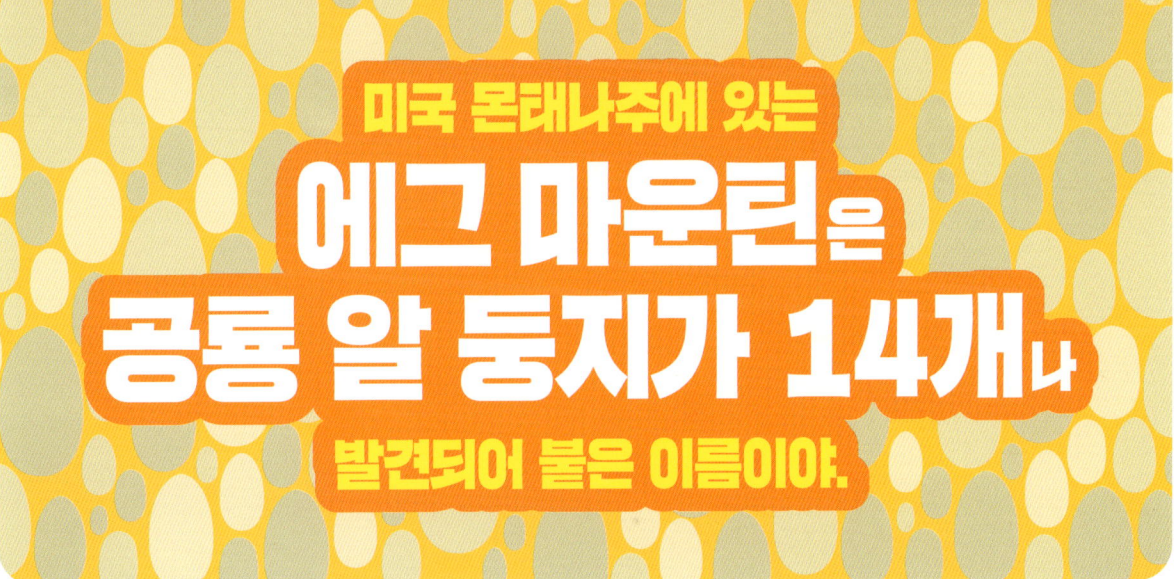

1억 3천만 년 된 **공룡 똥 화석**이 경매에 나와 100만 원이 넘는 값에 팔렸어.

판매 완료

중국 네이멍구 자치구에 있는 **쥐라기 공원**에는 **실물 크기 공룡 모형이 수십 개나** 있지만, 너무 **외딴 곳**이어서 찾는 사람이 거의 없어.

89

아마르가사우루스의
목과 등에는
젓가락보다 두 배 정도 긴
돌기가 나 있어.

미국 콜로라도주에는 **다이너소어**라는 작은 마을이 있어.
마을에는 이런 것도 있대!

트리케라톱스 테라스

디플로도쿠스 도로

브라키오사우루스 거리

아마르가사우루스는 **돌기를** 달그락달그락 **흔들며 적을 위협했지.**

새처럼 하늘을 날았던 **프테로사우루스**는 걸을 때 균형을 잡기 위해 **날개로 땅을 디디며 네 발로 걸었어.**

티렉스와 **참새**의 **조상이 같을 수도 있대!**

스코틀랜드의 스카이섬에서 발견된 **용각류 발자국**은

자동차 타이어만 했어.

6600만 년 전 지구와 충돌해 공룡을 멸종시켰던 소행성은 우리나라 **전라도 면적**보다 더 큰 구멍을 지구에 남겼어.

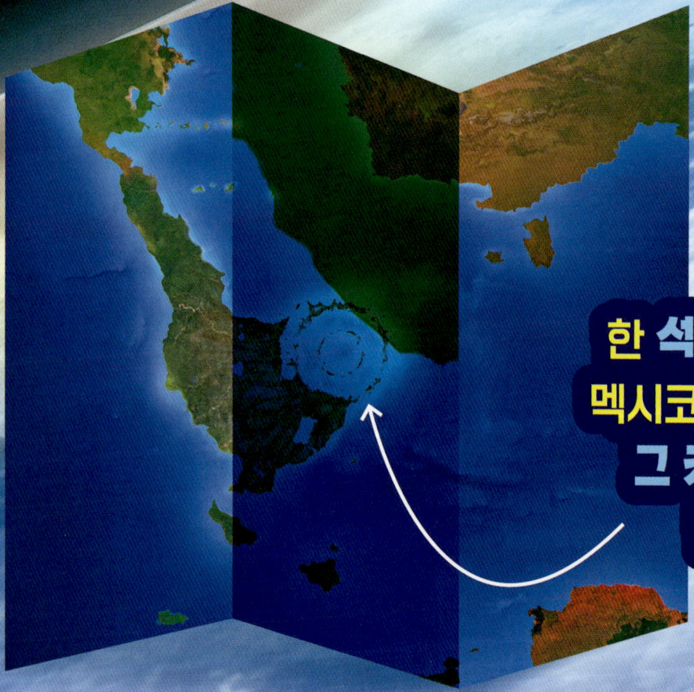

한 석유 회사 직원이 멕시코 유카탄반도에서 그 커다란 구멍을 발견했지.

소행성이 지구에 주었던 충격은 지난 160년 동안 **전 세계에 발생했던 지진**이 한꺼번에 일어난 것만큼 강력해.

쏴! 티렉스 머리 모양 샤워기는 티렉스 입에서 물이 나와.

몇몇 공룡들은 고양이처럼 **발톱을 넣었다 뺐다** 할 수 있었대.

50개가 넘는 트리케라톱스 머리뼈가

미국 몬태나주의 암반층에서 나왔어.

암반층: 땅속의 암반으로 된 층. 다른 바위 속으로 들어가 불규칙하게 굳어진 큰 바위를 암반이라고 한다.

2018년, 호박에 갇힌 9억 9천만 년 전 **달팽이**가 발견되었어. 공룡보다 훨씬 나이가 많지만 **껍데기**와 **더듬이**까지 완벽하게 남아 있었대.

스테고사우루스가 멸종하고 티렉스가 나타날 때까지의 시간보다 **티렉스가 멸종하고** 인간이 나타날 때까지의 시간이 **훨씬 더 짧아.**

바다에 사는 템노돈토사우루스는 눈이 배구공처럼 **큼지막했어.**

호박: 오랜 옛날 나무 진액 등이 굳어서 만들어진 보석.

공룡이 알에서 깨어나려면 최대 **여섯 달**이나 걸려!

타조는 겨우 **42일**이면 알에서 깨어나는데 말야.

중국왕도롱뇽의 조상은 **공룡**이랑 같은 시대에 살았어.

우리 할아버지 친구가 **공룡**이야.

마이아사우라는 자기가 태어났던 곳으로 돌아와 알을 낳았대. 오늘날 바다거북이나 연어처럼 말이지.

복면을 쓴 것 같은 얼굴과 줄무늬 꼬리를 가진

시노사우롭테릭스는 **기다란 너구리** 같아 보여.

공룡 시대에도 **벼룩처럼 생긴 곤충**이 공룡의 피를 쪽쪽 빨아 먹고 살았어. **요즘 벼룩**보다 **10배**나 더 컸다지.

세상에 맨 처음 알려졌던 공룡은 똑똑한 개 래브라도 리트리버만 했어.

컴퓨터 자판의 스페이스 바를 누르면 공룡이 장애물을 피해 움직이는 게임이 있어.

2016년 미국 뉴욕에서 열린 메이시스 추수 감사절 퍼레이드에서

네 별명은 뭐야?

크리올로포사우루스는 볏이 **엘비스 프레슬리의 앞머리** 처럼 생겨서 **엘비사우루스** 라는 별명이 붙었어.

엘비스 프레슬리: 미국의 로큰롤 가수. 높게 세운 앞머리가 유명하다.

어떤 공룡은 **갓 깨어난 새끼 공룡들을** 돌보는 **베이비시터를 두기도 했어.**

새로운 종류의 공룡이 **거의 매주마다** 발견되고 있어.

공룡 발견!

110

80,020개의 레고 블록으로 **6미터짜리** 티렉스 모형을 만든 사람이 있어.

중국 네이멍구 자치구에서 농부들이 **수각류 발자국 화석**을 처음 발견했을 때, **신성한 새가 남긴 발자국**이라고 오해했대.

수각류: 날카로운 이빨과 발톱을 가진 거대한 육식 공룡.

메이 롱은 새처럼 **고개를 구부리고** 잠을 잤어.

과학자들은 공룡 뼈의 **눈구멍**만 보고도 그 공룡이 **야행성**인지 아닌지 알 수 있대.

6600만 년 전 소행성이
지구에 충돌
하지 않았다면 몇몇 공룡들은 멸종하지 않고 **지금까지 살아 있었을지 몰라.**

반려동물과 함께 핼러윈 데이를 즐겨 봐!
트리케라톱스 머리 장식만 있다면 준비 끝!

용가류 알을 칭칭 감고 있는 3.5미터 길이의 뱀 몸체를 따라가 봐. 끝까지 다 풀어내어 몸이 완전히 드러나면 참아먹으려고 호시탐탐 기다리고 있었겠지?

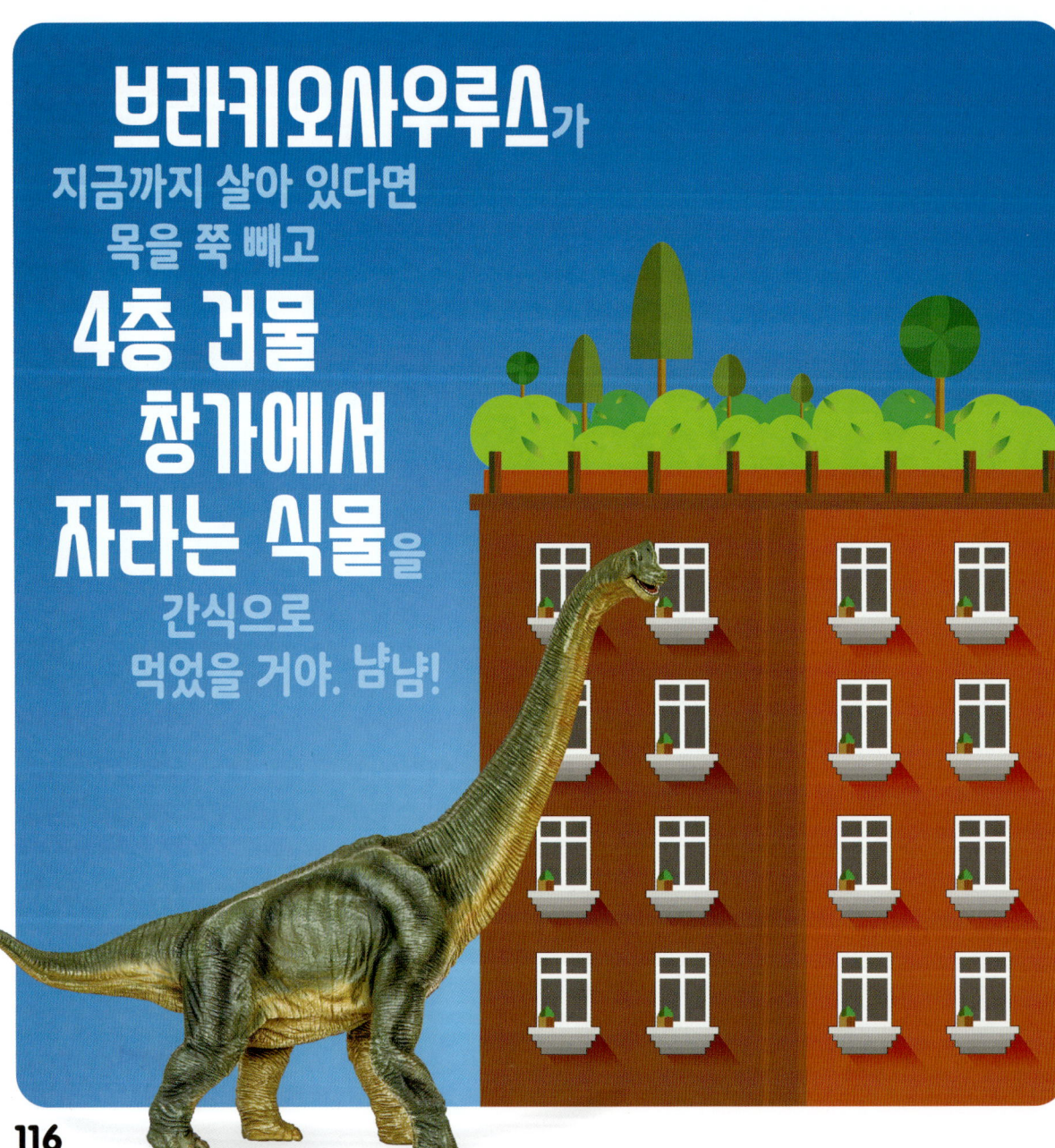

파키케팔로사우루스는 **네 발**로 서서 먹이를 먹다가 적이 나타나면 **두 발**로 뛰면서 달아났어.

미크로랍토르의 몸무게는 **500밀리리터 우유** 한 병보다 가벼웠어.

티라노사우루스 렉스는 무리 지어 사냥했을 수도 있대.

다 자란 **디플로도쿠스**는 **30미터**나 되었어.
아마 **너무 커서** 다른 공룡들이 잡아먹지 못했을 거야.

옛날에 대륙이 하나로 다 붙어 있었을 때 영국은

공룡들의 육교였어.

유라시아와 북아메리카 대륙을 건너게 해 주었지.

유라시아: 유럽과 아시아.

미크로랍토르는 온몸이 새처럼 **기다란 깃털**로 덮여 있었어.

깃털 달린 날개로 **나무 꼭대기**에서 **미끄러져 내려올 수 있었지.** 날다람쥐처럼 말이야!

히익! 오스트레일리아 캔버라 열기구 축제에서 **37미터** 길이의 **티렉스 열기구**가 하늘로 둥둥 떠올랐어.

이크티오사우루스처럼 **공룡과 함께 살았던 몇몇 바다 파충류들**은 다 자라면 **대왕고래**만 해졌어. 길이가 25미터도 넘었다니까!

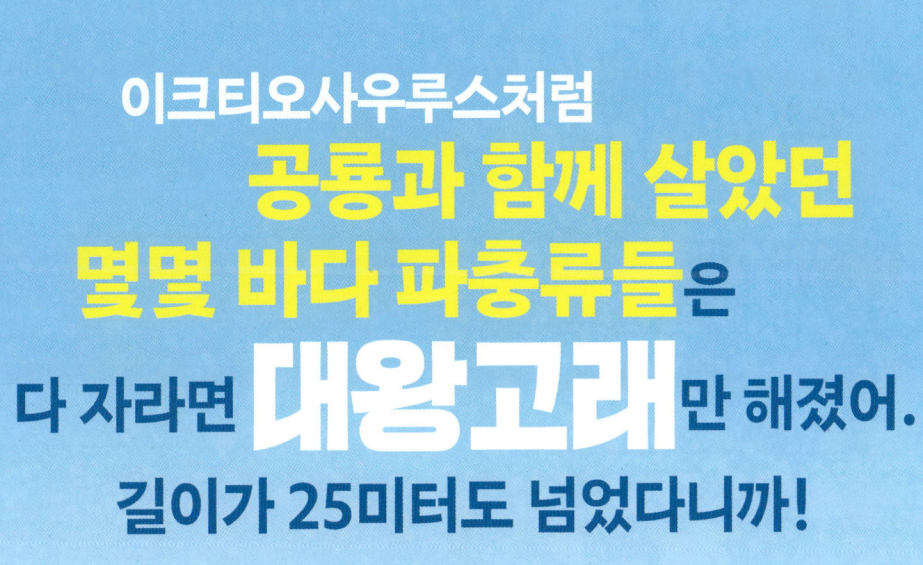

고생물학자
수전 헨드릭슨은
타이어가 펑크 나는 바람에
들판에서 옴짝달싹 못 하던 중
티렉스의 뼈를 발견했어.

지금까지 발견된 티렉스 골격 가운데 **가장 완벽했지.** 이 화석에는 그의 이름을 따 '수'라는 이름이 붙었어.

어떤 공룡들은 천적들에게 안 들키려고 색깔 있는 알을 낳았어.

과학자들은 **트로오돈**이 지금까지 살아 있다면 **인간과 비슷한 생김새**로 서서 걸었을 거라고 생각해.

126

이름표
메갈로사우루스

메갈로사우루스는 약 200년 전에 공룡 중에서 **최초로 이름**을 갖게 되었어.

먼 옛날, 대륙이 하나의 땅덩어리였을 때에는 높은 산이 거의 없고 대부분 평평한 땅이었어.

어떤 **용각류**는 뜨거운 수증기가 뿜어져 나오는 온천 주위에 **알을 두어서 따뜻하게 해 주었대.**

2007년, 한 화석 수집가는 **모사사우루스 화석**을 비싼 값에 샀어. 얼마였게?

3억 8000만 원!

영국 와이트섬에 있는 공룡 박물관은

프테로사우루스
모양을 닮았어.

브라키오사우루스는 **콧구멍이 머리 꼭대기에** 있었어!

티렉스는 사람보다 **13배 정도 더 또렷하게** 볼 수 있었어.

공룡과 함께 살았던 일부 초기 포유류는 윙윙 호박벌만큼 작았어.

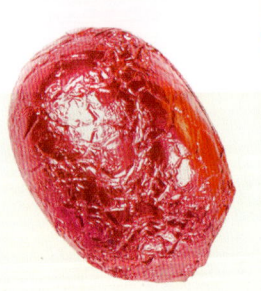

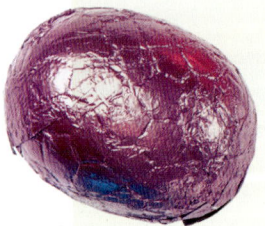

**초기 포유류
크리오릭테스 캐드버리**는
영국의 대표 초콜릿 브랜드인
캐드버리 초콜릿에서
따온 이름이야.

최초의 새로 알려진 시조새의 화석이 **가짜**라고 생각했던 과학자도 있었어.

「우주용사 다이노서」 만화 영화에 나오는 공룡들은 소행성이 충돌하지 않은 **또 다른 지구**에서 살아. **공룡 모양 우주선**도 타고 다니지.

「우주용사 다이노서」: 미국과 캐나다가 함께 만든 만화. 우리나라에서 1990년에 방영되었다.

샤스타사우루스는 바다에 사는 가장 큰 어룡이야. 범고래 세 마리를 줄 세운 것만큼 길어.

이빨이 없어서 먹이는 씹지 않고 후루룩 빨아 먹었대.

티타노사우루스의 **넓적다리뼈**는 성인 남자 평균 키보다 **더 길어!**

티렉스는 혀가 입 바닥에 붙어 있어서 **메롱**을 못 해.

새처럼 생긴 오비랍토르는 **서로 다정하게 끌어안고** 잠을 잤대.

우리나라의
한 디저트 가게에서는
공룡 알 초콜릿을 팔아.
작은 망치로
톡톡 깨면
공룡 초콜릿을
꺼내 먹을 수 있어.

완보동물은
현미경으로만 볼 수 있어.
먹지 않아도
30년을 버티는
최강 생명력을
가졌지.

지구에 **소행성 충돌**이 또 일어난다고 해도 **살아남을 수 있을 거야.**

완보동물: 0.1~1밀리미터 크기의 매우 작은 동물. 곰처럼 느리게 걸어서 '물곰'이라고도 한다. 바다 밑바닥이나 이끼의 표면 등 습지에 산다.

티렉스는 앞발이 아주 짧았지만 박수는 칠 수 있었대.

헤테로돈토사우루스 앞발의 **새끼발가락**은 **퇴화해서 없어졌어.**

어떤 공룡은 소화를 시키려고 돌을 꿀꺽 삼켰어. 돌이 배 속의 음식물을 잘게 부숴 줬거든.

아르젠티노사우루스는

지금까지 발견된 공룡 중 가장 길어.
몸길이가 무려 40미터가 넘지.
몸을 쭉 펴면 **농구 코트**를
뚫고 나갈 거야.

공룡 시대에도 있던
공포의
모래 늪은
화석 보물 창고가 되었어.

모래 늪: 모래와 진흙, 물이 섞여 만들어진 늪. 한 번 빠지면 스스로 빠져나오기 힘들다.

스피노사우루스는
심심풀이로
상어를 먹었대.

헉, 도망가자!

유로라이트는 **공룡**이나 동물이 땅에 오줌을 싸서 생긴 구멍이야.

꿈에 나올까 봐 무섭지?

주울 크루리바스타토르는 영화 「고스트 버스터즈」에 나오는 **악마 '주울'**이랑 닮아서 붙은 이름이야.

미국 코네티컷주 오크데일에는 2.4킬로미터의 길을 따라 **40마리가 넘는** 실물 크기 **공룡 모형**이 늘어서 있어.

일본 야마토에는 선사 시대를 테마로 한 식당이 있어. 그곳에 들어가려면 **거대한 티렉스 입 속을 지나가야 하지.** 밥을 먹을 때는 20마리 **공룡 로봇들**과 함께한대.

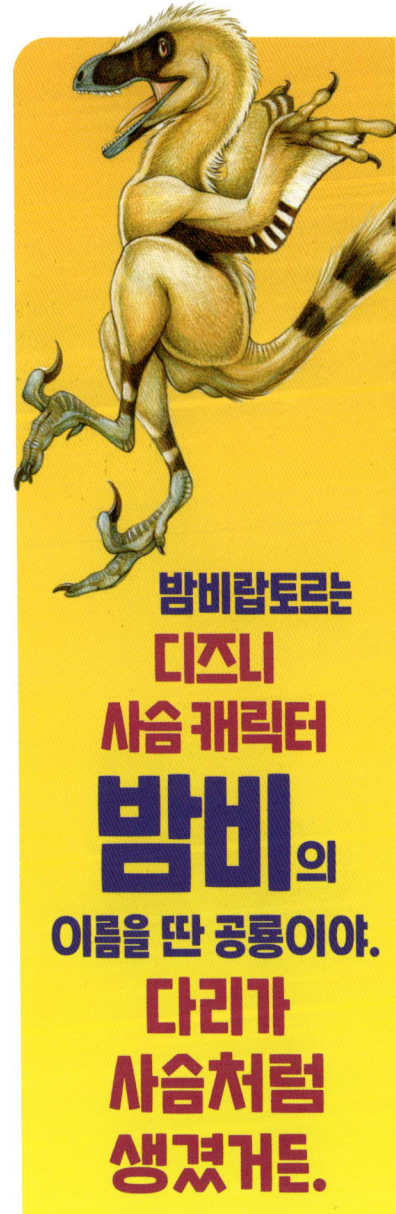

프시타코사우루스 화석은 **거의 완벽한 상태**여서 **공룡의 피부색까지** 알아낼 수 있었어.

밤비랍토르는 디즈니 사슴 캐릭터 **밤비**의 이름을 딴 공룡이야. 다리가 사슴처럼 생겼거든.

초식 공룡들은 **식물을 많이 먹어서 영양을 채워야 했어.** 질긴 식물을 소화하느라 장이 길어지면서 **덩치가 엄청 커졌지** 뭐야.

플라테오사우루스는 식물을 뜯어 먹다가 **진흙에 파묻히는 바람에** 화석으로 많이 남게 되었대.

중국 푸젠성에서 **200개의 공룡 발자국**이 발견됐어. 과학자들은 이곳을 **공룡 무도회장**이라고 불러.

소리 질러!

미국 피츠버그에 있는 카네기 자연사 박물관에는 '디피'라고 불리는 디플로도쿠스 카네기 동상이 세워져 있어. 공룡이면서 SNS 계정도 있대.

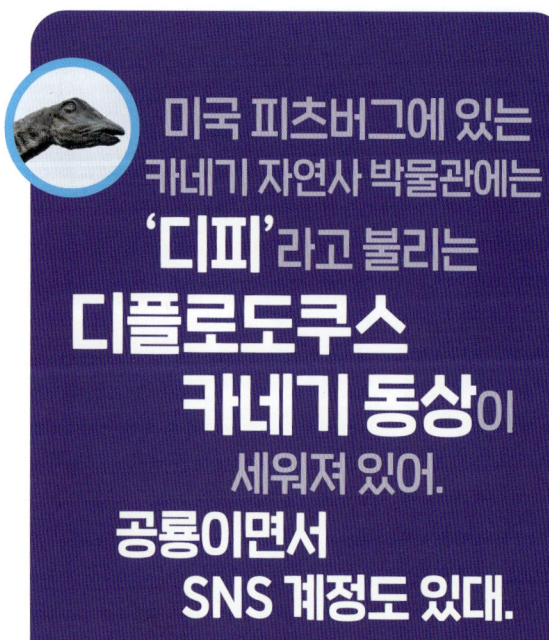

데이노니쿠스는 낫 모양 같은 발톱으로 먹잇감을 쓱쓱 썰어 먹었어.

모노니쿠스 올레크라누스는 앞발이 엄청 짧았어. 쓸 수 있는 앞발가락도 양발에 하나씩이었지.

그 거대한 발가락으로 개미핥기처럼 개미굴을 파헤쳤을 거야.

26억 원
= 2018년에
1억 5천만 년 된
이름 없는
공룡
화석이
경매에서
팔린 가격

공룡은 어쩌면…
꿀벌에게 쏘였을지도 몰라.
그때의 꿀벌은 오늘날 **말벌**만 했으니까.
꽤나 아팠겠지?

아얏!

19세기 초, 세계 최고의
화석 수집가라 불렸던
메리 애닝은

발굴한 화석을 팔아서 먹고살았어.

공룡 똥

화석으로

액세서리를 만들어서 팔기도 해.

육식 공룡은 길쭉하고 가는 알을 낳고, 초식 공룡은 둥근 알을 낳았어.

영국 스코틀랜드는 한때
목이 긴 용각류의
고향이었어.
네스호에
산다고 전해진
괴물이
용각류랑 비슷하게
생겼던데?

네스호: 영국 스코틀랜드에 있는 호수. 괴물 '네시'가 산다는 전설이 내려온다.

미국 캘리포니아주에는 거대한 **아파토사우루스 모형** '디니'가 있어. 만드는 데 **10년**이나 걸렸대.

꽁꽁 언 겨울 왕국
시베리아

쥐라기 때는 기온이 영하로 떨어진 적이 없었어.
요즘엔 한겨울에 영하 50도까지 내려가는데 말이야.

지금까지 살아 있는 동물 중에서

티렉스와 가장 비슷한 동물은 닭이랑 타조야.

유타랍토르는 **발톱**이 **23센티미터**나 돼. 호랑이 발톱보다 **두 배 이상** 길지.

다 자란 디플로도쿠스는

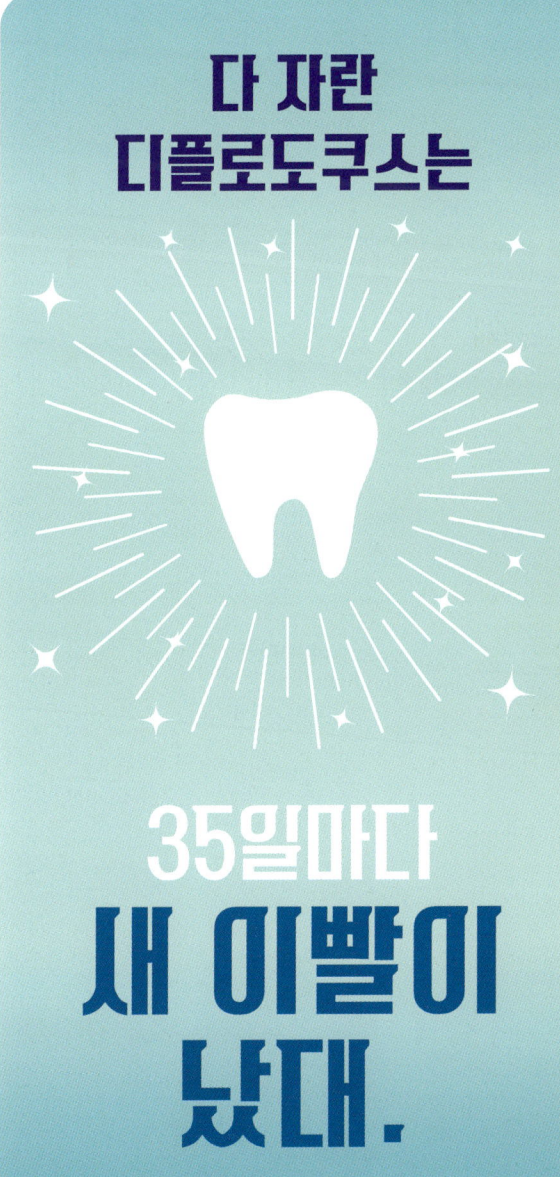

35일마다 새 이빨이 났대.

몸에 비해 큰 뇌를 가진 **트로오돈**은 **가장 똑똑한** 공룡이었어.

에우오플로케팔루스는 **눈꺼풀에도 뼈가 있었어.** 단단한 갑옷처럼 눈을 지켜 주었지.

혼자 공부하며 공룡을 추적하는 레이 스탠포드는 자기 집 근처에서 수백 군데의 공룡 흔적을 발견하기도 했어.

쥐라기에 살았던 암보프테릭스 론기브라키움은 박쥐같이 생긴 날개로 나무 사이를 미끄러지듯 날아다녔어.

파키케팔로사우루스의 **이빨**은 이제 막 걷기 시작하는 아기의 치아보다 작았어.

사랑에 빠진 티렉스는 짝에게 **잘 보이려고** 춤을 추기도 했대.

과학자들이 **새로 발굴한 화석**을 속속들이 분석하려면 **수십 년**이 걸릴 수 있어.

미국 플로리다에 있는 티렉스 카페에는 공룡을 테마로 한 메뉴, 실제 크기와 비슷한 공룡 로봇, 화석이 묻힌 모래밭 놀이터가 있어.

무스사우루스는 '쥐만 한 도마뱀'이라는 뜻이야. 과학자들이 새끼 공룡을 다 자란 공룡인 줄 알고 그만 이름을 붙여 버렸지 뭐야.

아직 크려면 멀었다고!

과학자들은 앵무새를 연구하면서 몇몇 공룡들이 날기 전에 콩콩 뛰었는지 조사하고 있어.

2006년, '결투' 중인 두 마리의 공룡 화석을 발견했어.
거대한 뿔이 달린 공룡과 그보다 작은 티라노사우루스가 서로 얽혀 있었지.

미국 텍사스주에서 열린 **아트카 퍼레이드**에 트리케라톱스 자동차가 등장했어. 이 멋진 자동차 이름은 '**히피사우루스**'래.

요즘에는 사람이 가기 어려운 **외딴 곳**에 **드론**을 날려서 **공룡 흔적**을 찾기도 해.

속이 비어 있는 공룡 알 화석이 발견되기도 해. 어떤 공룡의 알일지 궁금하지 않니?

1억 천만 년 전
노도사우루스 화석이 캐나다에서 발견됐어.
마지막 먹은 음식이 위장에
남아 있을 정도로 보존 상태가 좋았대.

새의 조상은 공룡이야.

어때, 달리 보이지?

파라사우롤로푸스는 머리에 있는 볏으로 고래나 코끼리같이 뿌우우 소리를 냈어.

한때 과학자들은 **용각류가 바다에 살면서** 긴 목을 물 밖으로 **쭉** 빼고 숨을 쉬었다고 생각했어.

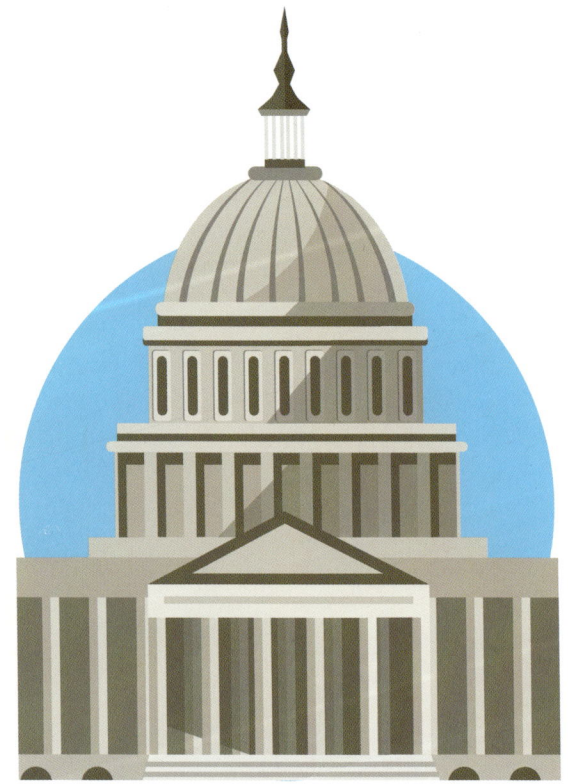

미국의 초등학생들이 미국의 수도 워싱턴에서 발견된 공룡 화석에 **캐피털사우루스** 라는 이름을 지어 주었어. 수도가 영어로 캐피털이거든.

프시타코사우루스는 꼬리에 알록달록 **꽁지깃**이 달려 있었어. 다른 공룡들한테 **뽐낼 때** 쓰였지. 에헴!

설악산에는 공룡의 등을 닮은 **공룡 능선이 있어.**

세계적인 기업 **구글의 마스코트**가 **티렉스**라는 걸 알아?
구글 본사에는 '**스탠**'으로 불리는 실물 크기 티렉스 모형도 있어.

스테고사우루스는
'**지붕이 있는 도마뱀**'이라는 뜻이야.
오각형의 골판이
지붕에 기와를 얹은 것처럼
등에 가지런히 나 있기 때문이지.

1985년 미국 항공 우주국은 우주에 나갈 때 마이아사우라 뼛조각을 가지고 갔어.

공룡이 타고 있어요.

최초로
우주여행을 한
공룡이
탄생한 거지.

공룡한테도
비듬이
있다고?

1억 2500만 년 된 미크로랍토르의 화석에서 비듬이 나왔어. 세계에서 가장 오래된 비듬이야.

181

몇몇 공룡은 얼굴에 난 **수염 같은 깃털**로 **먹잇감을 감지해서** 더 정확하게 공격했어.

알에서 갓 깨어난 **새끼 용각류는 사람 손바닥**에 올릴 수 있을 만큼 작아.

미국 사우스다코타주에는 **티렉스와 산책**하는 **해골 모형**이 있어. 티렉스를 강아지처럼 **가죽끈**에 묶어서 이끄는 모습이지.

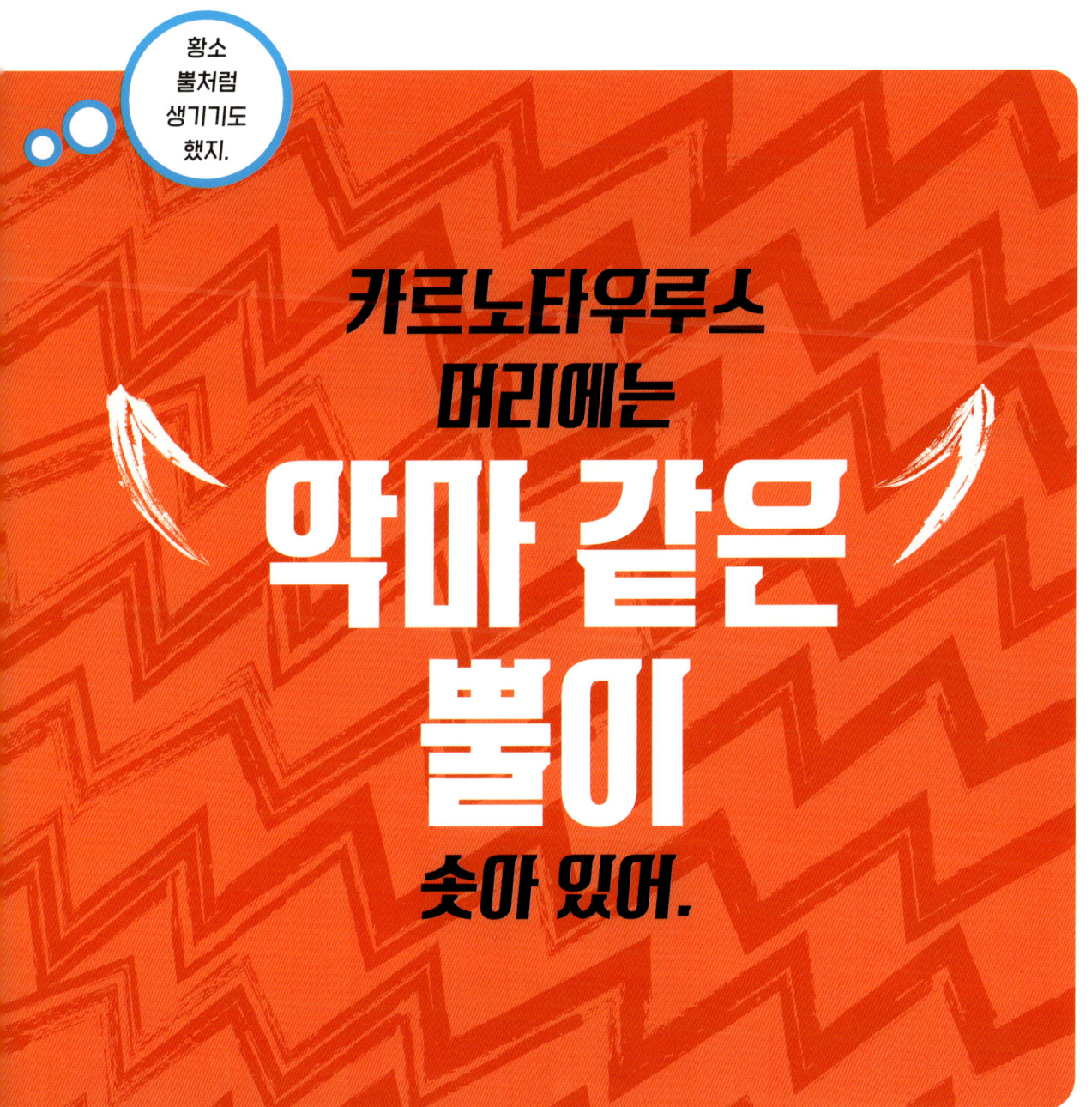

세계 최초 **공룡 테마파크**는 영국 런던의 크리스털 팰리스 파크야. 생긴 지 **165년**이 넘었지.

새끼 디플로도쿠스의 두개골을 발견한 과학자는 **작은 소 몸통**에 **길쭉한 뱀**이 박힌 것 같다고 표현했어.

뭐라고요?

두개골: 동물의 머리를 이루는 뼈.

187

미국은 집 뒷마당에서
공룡 화석을
발견하면 자기가
가질 수 있어.

어떤 공룡은 이빨이 1000개나 났어.

일곱 살 칠레 소년,
디에고 수아레스는
아직 이름이 없는
공룡 화석을
발견한 사람 중에
가장 어려.

영국의 예술가들이 오래된 폭스바겐 자동차를 **금속 스테고사우루스**로 변신시켰어.

해남 공룡 박물관은 우리나라에서 제일 큰 공룡 박물관이야. **263개의 공룡 발자국이** 찍힌 거대한 지층을 구경할 수 있어.

지층: 진흙, 모래, 자갈 등이 쌓이고 굳어져 만들어진 암석이 여러 층을 이룬 것.

2016년, **호박**에서 **9900만 년 된 공룡 꼬리**가 발견되었어. 깃털도 달려 있었대.

'**드라코렉스 호그와트시아.**'
소설 「해리 포터」 시리즈의 **호그와트 마법 학교**에서 따온 공룡 이름이야.

물고기 **실러캔스**가 1938년에 **살아 있는 채로** 발견되었어. 그 전까지는 공룡과 함께 **멸종했다고** 생각했지.

초식 공룡 테리지노사우루스는 **발톱이 1미터**

나 돼.
공룡 중에서 가장 발톱이 길지.

공룡과 함께 살았던 초기 포유류 **브라질레테스 스타더스티**의 이빨 화석이 브라질에서 발견됐어.

이 포유류에 대해 알려진 모든 정보는 **3.5밀리미터 이빨 한 개**에서 나온 거야.

킁킁, **비글**이 냄새로 25만 년 된 **털코뿔소 뼈**를 찾아냈어. 대단하지?

기발하고 괴상하고 웃긴 퀴즈 타임!

❶ 코스모케라톱스는 뿔이 (   )개 있어. (힌트 26쪽)

❷ 지금까지 알려진 **가장 큰 공룡의 이름은?** (힌트 32쪽)

❸ 에드몬토사우루스 **이빨은 무슨 모양**이야? (힌트 37쪽)

❹ 엘라스모사우루스는 목이 몸통보다 훨씬 길었어. (힌트 43쪽)   O . X

❺ 트리케라톱스는 이빨이 약 (   )개가 나. (힌트 44쪽)

❻ 오비랍토르는 (   )이라는 뜻이야. (힌트 55쪽)

❼ 티라노사우루스 렉스는 개보다 느렸어. (힌트 64쪽)   O . X

198

아래의 퀴즈를 풀고,
업그레이드 된 과학 지식을 확인해 보세요.

내 머리 모양 어때?

❽ 길고 가느다란 주둥이를 가진 **첸저우사우루스**의 별명은? (힌트 95쪽)

❾ 눈이 배구공만큼 큼지막한 공룡의 이름은? (힌트 100쪽)

❿ 공룡이 알에서 깨어나려면 최대 (   ) 달이 걸려. (힌트 101쪽)

⓫ 메이 롱은 고개를 꼿꼿하게 세운 채로 잠을 잤어. (힌트 113쪽)   O . X

⓬ 공룡은 색깔 있는 알도 낳아. (힌트 53, 126쪽)   O . X

⓭ 공룡 중에 최초로 이름이 생긴 공룡은? (힌트 128쪽)

⓮ 브라키오사우루스 콧구멍은 어디에 있어? (힌트 132쪽)

뒷장에 계속!

정답: 1. 15 / 2. 패러크티노 마주룸 / 3. 다이아몬드 / 4. O / 5. 800 / 6. 윌 돈슨 / 7. O
8. 피노키오 렉스 / 9. 드라코렉스사우루스 / 10. 여섯 / 11. X / 12. O / 13. 메갈로사우루스 / 14. 머리 꼭대기

199

⑮ 티렉스는 사람보다 (   )배 더 또렷하게 볼 수 있었어. (힌트 132쪽)

⑯ 샤스타사우루스는 먹이를 꼭꼭 씹어 먹었어. (힌트 136쪽)   O . X

⑰ 완보동물은 먹지 않아도 (   )년을 살 수 있어. (힌트 138쪽)

⑱ 스피노사우루스는 심심풀이로 (   )를 먹었어. (힌트 145쪽)

⑲ 공룡이나 동물이 오줌을 싸서 생긴 구멍을 뜻하는 말은? (힌트 147쪽)

⑳ 모노니쿠스 올레크라누스는 앞발가락이 하나뿐이었어. (힌트 156쪽)   O . X

㉑ 시베리아는 쥐라기 때 기온이 영하로 떨어진 적이 없었어. (힌트 162쪽)   O . X

㉒ 지금까지 살아 있는 동물 중에 티렉스랑 가장 비슷한 동물은? (힌트 165쪽)

나도 이제 공룡 박사!

㉓ 다 자란 디플로도쿠스는 (　　　　)일마다 새 이빨이 났어. (힌트 167쪽)

㉔ 가장 똑똑한 공룡의 이름은? (힌트 167쪽)

㉕ 요즘에는 외딴 곳에 (　　　　)을 날려서 공룡의 흔적을 찾아. (힌트 175쪽)

㉖ 최초로 우주여행을 한 공룡은? (힌트 181쪽)

㉗ 공룡도 비듬이 있어. (힌트 181쪽)　O . X

㉘ 미국은 집 뒷마당에서 공룡 화석을 발견하면 자기가 가질 수 있어. (힌트 188쪽)　O . X

㉙ 우리나라에서 제일 큰 공룡 박물관은? (힌트 189쪽)

㉚ 비글은 (　　　　)로 25만 년 된 털코뿔소 뼈를 찾아냈어. (힌트 194쪽)

정답 : 15. 13 / 16. X / 17. 30 / 18. 쏘아 / 19. 우로보로이드 / 20. O / 21. O / 22. 문, 티르오 / 23. 35 / 24. 트로오돈 / 25. 드론 / 26. 마이아사우라 / 27. O / 28. O / 29. 해남 운동 박물관 / 30. 냄새

201

찾아보기

ㄱ
가스토니아 17
강원도 고성 13
개 64
개미핥기 157
거북이 발톱 39
결투 173
경매 89, 159
고래 177
고비 사막 87
고슴도치 75
고양이 75, 77
고인돌 가족 플린스톤 32
골판 180
골편 47, 59
공룡
    깃털 191
    꼬리 191
    똥 13, 37, 41, 73, 89, 92, 95,
        106, 148, 160
    뼈 16, 30, 79
    알 7, 41, 101
    화석 12, 188
공룡 능선 179
공포의 지배자 18
관광버스 71
괴물 같은 포식자 18
국립 공룡 화석지 12. 88
금성 14
기가노토사우루스 53
꼬리 망치 58
꿀벌 159
끔찍한 도마뱀 18

ㄴ
나이테 81
남극 6, 53
너구리 105
네스호 161
노도사우루스 176
눈구멍 113
눈꺼풀 167

ㄷ
다이너소어 55, 91
달팽이 100
닭 27, 165
대왕고래 123
데이노니쿠스 154
데이노케이루스 미리피쿠스 48
돌 141
두개골 187
드라코렉스 호그와트시아 191
드론 175
디노 21
디니 162
디에고 수아레스 188
디플로도쿠스 121, 142, 154
    이빨 167

ㄹ
래브라도 리트리버 107
레두마하디 마푸베 77
레이 스텐포드 168
로이 채프먼 앤드루스 81
링고 스타 31

ㅁ
마라톤 149
마멘키사우루스 48
말벌 159
메갈로사우루스 128
메이 롱 113
명품 가방 183
모노니쿠스 올레크라투스 156
모래 늪 145
모사우루스 129
무스사우루스 171
무시무시한 도마뱀 55
무지갯빛 깃털 33
물갈퀴 달린 새 발자국 28
물고기 비늘 102
미국 항공 우주국 181
미크로랍토르 119, 122
미크로파키케팔로사우루스 72

ㅂ
바다거북 50, 104
바리오닉스 102

바퀴벌레 50
박쥐 168
박치기 34
반려동물 32, 163
밤비랍토르 150
방탄조끼 59
뱀 화석 115
벌새 33
베이베이롱 시넨시스 152
베이비시터 110
벨로키랍토르 29, 54
벼룩 105
볼링 핀 8
북아메리카 69, 117, 121
불타는 절벽 87
브라질레테스 스타더스티 194
브라키오사우루스 7, 66, 116
   콧구멍 132
비글 195
비듬 181

ㅅ
사과 118
사르코수쿠스 70
상어 23, 50
   지느러미 24
샤스타사우루스 136
석회암 절벽 106
세계 3대 공룡 발자국 화석지 13
세관 신고서 37

소행성 10, 23, 96, 97, 114, 135, 186
수각류 112
수장룡 43
수전 헨드릭슨 124
수크레 공룡 공원 106
수탉 20
스코틀랜드 93, 161
스쿠텔로사우루스 47
스탠 180
스테고사우루스 100, 146, 180, 183
   가시 5
   등 78
스피노사우루스 24, 56, 111, 145
시노사우롭테릭스 105
시베리아 162
시조새 135
실러캔스 191

ㅇ
아라우카리아 나무 190
아르젠티노사우루스 145, 190
아마르가사우루스 90
   가시 91
아메리카들소 12
아우구스티놀로푸스 모리시 72
아트카 퍼레이드 174
아파토사우루스 49, 118, 162
아프리카 코끼리 32, 77
악어 51, 70, 151
안킬로사우루스 58

알 도둑 55
알로사우루스 34, 48, 146
암모나이트 102
암보프테릭스 롱기브라키움 168
앵무새 75, 171
야행성 113
양치식물 40
에그 마운틴 87
에드몬토사우루스 37
에오랍토르 82
에우오플로케팔루스 167
엘라스모사우루스 42
엘비사우루스 110
열기구 축제 122
오리너구리 51
오비랍토르 55, 137
완보동물 139
용각류 14, 36, 61, 93, 98, 129, 178
용의 뼈 79
우유 7, 119
우항리 공룡 화석 자연사 유적지 28
울레미 소나무 24
유로라이트 147
유타랍토르 166
유티란누스 후알리 44
육식 공룡 8, 160
육식 물고기 39
이빨 81, 188, 194, 196
이크티오사우루스 57, 123
인공 지능 82

203

ㅈ

잔인한 사냥꾼 34
재빠른 도둑 54
잭 러셀 테리어 38
전기톱 7
주울 크루리바스타토르 147
쥐만 한 도마뱀 171
지붕이 있는 도마뱀 180
지진 97

ㅊ

참새 93
청록색 알 53
첸저우사우루스 95
초식 공룡 64, 160
친타오사우루스 25

ㅋ

카네기 자연사 박물관 154
카르노타우루스 185
카르카로돈토사우루스 56
카이홍 주지 33
캐피털사우루스 178
케찰코아틀루스 60, 84
코리아노사우루스 보성엔시스 28
코스모케라톱스 26
크리오릭테스 캐드버리 134
크리올로포사우루스 110
크립토클리두스 82

ㅌ

타이어 93
타조 101, 165
타코 받침대 46
털코뿔소 194
테니스공 98
테리지노사우루스 39, 192
　　발톱 192
템노돈토사우루스 100
토해 낸 먹이 57
톱니 8
투구게 50
트라이아스기 30
트라타예니아 로살레시 8
트로오돈 126, 167
트리케라톱스 2, 26, 31, 44, 158
　　머리 57
　　머리뼈 99
　　뿔 2, 12
　　이빨 76
　　프릴 127
티라노사우루스 54, 173
티라노사우루스 렉스 64, 78, 120
티렉스 10, 15, 23, 27, 45, 61, 69, 83, 93, 100, 111, 140, 151, 165
　　뼈 124
　　혀 137
티타노보아 65
티타노사우루스 137

ㅍ

파라사우롤로푸스 63, 177
파키리노사우루스 86
파키케팔로사우루스 77, 119, 169
파타고티탄 마요룸 32, 69
페고마스탁스 75
펜타케라톱스 41
폭군 도마뱀 54
프시타코사우루스 28, 102, 150
프테로사우루스 117, 131
　　날개 93
　　수염 182
프테로사우루스의 비행 80
플라테오사우루스 153
피라냐 39

ㅎ

할스즈카랍토르 에스쿠일리 78
해남 공룡 박물관 189
향수 82
헤테로돈토사우루스 141
헬리콥터 31
호그와트 191
호두 알 78
호박 100, 191
호박벌 133
화석 수집가 159
히피사우루스 174

사진 저작권

ASP = Alamy Stock Photo; GI = Getty Images; SS = Shutterstock

Cover, spine, and back cover (all), Franco Tempesta; 2, Roger Harris/Science Photo Library/GI; 4, Warpaint/SS; 6, Jon Bilous/Dreamstime; 7 (UP LE), Kovalchuk Oleksandr/SS; 7 (dino), Herschel Hoffmeyer/SS; 7 (RT), Etaphop photo/SS; 7 (LO LE), bestv/SS; 8 (UP), Artbox/SS; 8 (LO), Scisetti Alfio/SS; 9, Franco Tempesta; 10 (LE), Kirayonak Yuliya/SS; 10–11, Copyrighted by BHIGR and provided courtesy of Hammacher Schlemmer; 12, MilousSK/SS; 13 (BACK), antonpix/SS; 14 (LE), NASA Images/SS; 14 (RT), Lukassek/SS; 15, Felix Choo/ASP; 17, Franco Tempesta; 18–19, sruilk/SS; 20, yevgeniy11/SS; 21 (UP), maryartist/SS; 21 (LO), MiloVad/SS; 22, Gordon Mills/ASP; 23, Spike Malin/SWNS; 24 (LE), Christina Li/SS; 24 (RT), Corey Ford/Stocktrek Images/GI; 25, Franco Tempesta; 26, Franco Tempesta; 27 (LE), stockphoto mania/SS; 27 (tail), Warpaint/SS; 28, Catmando/SS; 29 (UP), Linda Bucklin/SS; 29 (LO), Veleknez/Dreamstime; 30, Mikkel Juul Jensen/Bonnier Publications/Science Source; 31 (UP), Maksim Ankuda/SS; 31 (LE), Saranai/SS; 32 (LE), Atalvi/Dreamstime; 32 (RT), ABC/Photofest; 33, aniko gerendi enderle/SS; 34–35, Warpaint/SS; 36, nmnac01/Adobe Stock; 37, Jim Lane/ASP; 38, iStockphoto/GI; 39, guentermanaus/SS; 40, Artens/SS; 41 (UP), iunewind/SS; 41 (LO), Michael Rosskothen/SS; 41 (court), Oleksii Sidorov/SS; 42–43, Catmando/SS; 44 (UP), Angela Coppola/Hasbro; 44 (LO LE), vi73/SS; 45 (UP), courtesy Embassy of the Netherlands; 45 (stamps), josep perianes jorba/SS; 46, UncommonGoods; 47 (LE), mjaud/SS; 47 (RT), Nerthuz/SS; 48 (LE), Catmando/SS; 48 (RT), jaroslava V/SS; 49, Javier Brosch/SS; 50 (UP LE), dive-hive/SS; 50 (UP RT), Kletr/SS; 50 (LO RT), smuay/SS; 50 (LO LE), Chatchai.wa/SS; 51 (UP), Hotshotsworldwide/Dreamstime; 51 (LO), nattanan726/SS; 52, DM7/SS; 53 (BACK), Irina Bg/SS; 53 (LO LE), Moises Fernandez Acosta/SS; 54 (UP), Linda Bucklin/SS; 54 (LO), Franco Tempesta; 55 (UP), Franco Tempesta; 55 (LO), Noiel/SS; 57, Leonello Calvetti/Stocktrek Images/GI; 58-59, Warpaintcobra/GI; 60, Herschel Hoffmeyer/SS; 61, Michael Mancuso/Times of Trenton; 62-63, Daniel Eskridge/SS; 64, Stockdreams/Dreamstime; 65, Franco Tempesta; 66 (LE), Dotted Yeti/SS; 66 (RT), Jiri Hera/SS; 67, Ksenia Bilodedenko/SS; 68, Dustin Bradford/GI; 69, photastic/SS; 70–71 (UP), Allies Interactive/SS; 70–71 (LO), Catmando/SS; 72, Natural History Museum of Los Angeles; 73, Yoshio Tsunoda/AFLO/Newscom; 74–75, Masato Hattori; 77 (UP), Education Images/Universal Images/GI; 77 (LO), Kuttelvaserova Stuchelova/SS; 78, Masato Hattori; 79, dangdumrong/GI; 80, Paultons Park; 81, ScreenProd/Photononstop/ASP; 82, tanuha2001/SS; 83, Susan Garrett Photography; 84–85, Dariush M/SS; 86 (LE), The Royal Canadian Mint; 86 (RT), PrimoPiano/SS; 87, imageBROKER/ASP; 88, Carol Barrington/ASP; 88 (texture), Goosefrol/SS; 89 (tag), Brand X; 90–91, Catmando/SS; 91, Nerthuz/SS; 92, Sarit Wuttisan/SS; 93 (UP), Ralf Juergen Kraft/SS; 93 (LO RT), nikkytok/SS; 93 (LO LE), panbazil/SS; 94, Sweetosaur; 95 (UP), Nobumichi Tamura/Stocktrek Images/GI; 95 (LO), Ingram; 96–97, Mark Garlick/Science Photo Library/GI; 96, Mark Garlick/Science Photo Library/GI; 98, Franco Tempesta; 99 (UP LE), Roman Mirskiy, Mirskiy Art Gallery Etsy; 99 (UP RT), Lisa A/SS; 100 (LE), Aleksandar Grozdanovski/SS; 100 (RT), Esther van Hulsen; 102 (UP), Uncle Leo/SS; 102 (LO RT), jeep5d/SS; 102 (LO LE), Roman Garcia Mora/Stocktrek Images/GI; 103, Joel Sartore, National Geographic Photo Ark/National Geographic Image Collection; 104, Franco Tempesta; 105 (UP), Nobumichi Tamura/Stocktrek Images/GI; 105 (LO), MIMOgo/SS; 106–107, Tim Whitby/ASP; 107 (UP RT), Eric Isselee/SS; 108–109, Reuters/Carlo Allegri/Newscom; 110 (UP), Catmando/SS; 110 (LO), Pretty Vectors/SS; 111, Michael Rosskothen/SS; 112 (UP), Xinhua/Jin Yu/Newscom; 112 (LO), Irantzu Arbaizagoitia/SS; 113 (UP), didden/SS; 113 (LO), Malika Keehl/SS; 114 (LE), Gl0ck/SS; 114 (RT), Rubies Costume Company courtesy of Chewy; 115, vinap/SS; 116 (dino), Ton Bangkeaw/SS; 116 (RT), Tgraphic/SS; 117 (UP), Damsea/SS; 117 (LO), Michael Rosskothen/SS; 118, nexus 7/SS; 119 (LE), Franco Tempesta; 119 (RT), Winston Link/SS; 120, Mark Stevenson/Stocktrek Images/GI; 121, Stocktrek Images, Inc./ASP; 122 (LE), Franco Tempesta; 122 (RT), bildbroker.de/ASP; 124–125, Marstar/SS; 126 (LE), Rostik Solonenko/SS; 126 (RT), Jonathan Blair/GI; 127, MicroOne/SS; 128, Franco Tempesta; 129 (UP), Shujaa_777/SS; 129 (egg), Egor Rodynchenko/SS; 129 (muffs), Laborant/SS; 129 (scarf), Africa Studio/SS; 130–131, Julian Eales/ASP; 132 (LE), Ozja/SS; 132 (UP), DM7/SS; 132 (glasses), Igor Klimov/SS; 133, Eric Isselee/SS; 134, Daria Medvedeva/SS; 135 (LE), Franco Tempesta; 135 (RT), Columbia/Everett Collection, Inc.; 136, Stocktrek Images, Inc./ASP; 138 (LE), stocksolutions/SS; 138–139, Power And Syred/Science Photo Library/GI; 140 (dino), Dorling Kindersley/GI; 140 (BACK), lilalove/SS; 141 (UP), moomsabuy/SS; 142-143, Peter Phipp/Travelshots/ASP; 144, courtesy of Mark Verge a.k.a. Jungle Jack; 145 (UP), Franco Tempesta; 145 (court), Es sarawuth/SS; 145 (LO), KittyVector/ShutterPoint Photography; 146, Sudowoodo/SS; 147 (LO), James Kuether; 148 (UP), Ritu Manoj Jethani/SS; 148 (LO), Anita Ponne/SS; 149, Ben Stevens/i-Images/ZUMA Wire/Newscom; 150 (LE), Stocktrek Images, Inc./ASP; 150 (RT), Luna Bucklin/SS; 151, DM7/SS; 152, Olga Popova/SS; 153 (UP), Photodisc; 153 (LO), abrakadabra/SS; 154 (UP LE), Stocktrek Images, Inc./ASP; 154 (RT), Universal Images Group North America LLC/ASP; 155, courtesy of Tovolo; 156, Elenarts/SS; 157, Catmando/SS; 158, Franco Tempesta; 159, Aksana/SS; 160, Mick Cluley of Shpangle Jewellery; 161, Victor Habbick/SS; 162, Ian Dagnall/ASP; 163, chemonk/SS; 164, Selenka/Dreamstime; 165, Anan Kaewkhammul/SS; 166, Franco Tempesta; 167 (LE), world of vector/SS; 167 (RT), Franco Tempesta; 168 (LE), NG Images/ASP; 168 (RT), Cheung Chungtat; 169, Tronin Andrei/SS; 170, Landry's Inc.; 171 (UP), neftali/SS; 171 (LO), Butterfly Hunter/SS; 172–173, Herschel Hoffmeyer/SS; 174, Emily Jaschke; 176, Robert Clark/National Geographic Image Collection; 177 (UP), SmileKorn/SS; 177 (LO), Daniel Eskridge/SS; 178 (LE), Franco Tempesta; 178 (RT), SofiaV/SS; 179 (UP), Stocktrek Images/Science Source; 179 (LO), SIRIOH Co., LTD/ASP; 180 (UP), JHVEPhoto/SS; 180 (LO), Jarva Jar/SS; 181 (RT), Alhovik/SS; 182 (LE), Red Confidential/SS; 182 (RT), Anna Hoychuk/SS; 183, Victor Virgile/Gamma-Rapho/GI; 184, DM7/SS; 186, MicroOne/SS; 187 (UP), Jonathan Harbourne/ASP; 187 (LO), Dudarev Mikhail/SS; 188, Corey Ford/GI; 189, Scott Beseler; 190, Leandro Henrich/ASP; 191 (UP), Royal Saskatchewan Museum (RSM/R.C. McKellar); 191 (LO), Tom McHugh/Science Source; 192–193, Eugen Thome/Dreamstime; 194, Foxyliam/SS; 195, pencil artist/SS; 196–197, wwing/GI

지은이 **내셔널지오그래픽 키즈**
내셔널지오그래픽 협회는 1888년 설립되어 130년 넘게 우리를 둘러싼 지구를 이해하기 위한 여러 가지 프로젝트를 실행하고 있다. 내셔널지오그래픽 매거진은 매달 28개국과 23개의 언어로 수백만 명의 독자들을 만나고 있으며, 어린이 출판 브랜드인 내셔널지오그래픽 키즈는 과학, 모험, 탐험 콘텐츠를 독보적인 수준의 사진 자료와 함께 제공하고 있다.

옮긴이 **신수진**
한국외국어대학교 영어과를 졸업한 뒤 오랫동안 출판사에서 어린이책 편집자로 일했다. 자연이 아름다운 제주도에 살면서 어린이책을 번역하고, 그림책 창작 교육과 전시 기획을 하고 있다. 그동안 옮긴 책으로는 『내 친구 스누피』, 『배드 가이즈』 시리즈, 『많아도 너무 많아!』, 『완벽한 크리스마스를 보내는 방법』, 『젓가락 짝꿍』 등이 있다.

1판 1쇄 펴냄 - 2021년 7월 26일, 1판 2쇄 펴냄 - 2022년 12월 5일
지은이 내셔널지오그래픽 키즈 옮긴이 신수진 펴낸이 박상희 편집장 전지선 편집 이혜진 디자인 이슬기
펴낸곳 (주)비룡소 출판등록 1994. 3. 17.(제16-849호) 홈페이지 www.bir.co.kr
주소 06027 서울시 강남구 도산대로1길 62 강남출판문화센터 4층 전화 영업 02)515-2000 팩스 02)515-2007
편집 02)3443-4318,9 제품명 어린이용 반양장 도서 제조자명 (주)비룡소 제조국명 대한민국 사용연령 3세 이상

WEIRD BUT TRUE! DINOSAURS
Copyright © 2020 National Geographic Partners, LLC.
Korean Edition Copyright © 2021 National Geographic Partners, LLC.
All rights reserved.
NATIONAL GEOGRAPHIC and Yellow Border Design are trademarks of the National Geographic Society, used under license.

이 책의 한국어판 저작권은 National Geographic Partners, LLC.에 있으며, (주)비룡소에서 번역하여 출간하였습니다.
저작권법에 의해 한국 내에서 보호를 받는 저작물이므로 무단 전재와 무단 복제를 금합니다.

ISBN 978-89-491-3204-4 74030 / ISBN 978-89-491-3201-3(세트)

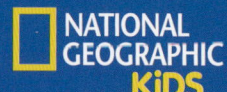

세계 최정상급 생생한 사진으로 떠나는
자연 다큐 백과 시리즈

초등학교 과학 교과서 연계

고화질 자연 다큐 사진과 인포그래픽 120장 이상

생생한 정보, 재미있는 한 줄 상식, 탐험가 인터뷰와 퀴즈까지!

자연 다큐 백과 시리즈 캐리 글리슨 디노 외 지음 · 이한음 외 옮김 | 64쪽 | 13,000원

· 곤충과 거미   · 화산과 지진   · 육식 동물   · 공룡과 화석   · 날씨와 재해   · 상어   · 우주와 별   · 개와 늑대
· 암석과 광물   · 파충류   · 사자와 호랑이   · 수리와 올빼미   · 반려동물   · 돌고래   · 이집트   · 세계의 신화 NEW